AF706484

रंगदूत

कविता संग्रह

अखिलेश कुमार "दर्पण"

BookLeaf Publishing
India | USA | UK

Copyright © अखिलेश कुमार "दर्पण"
All Rights Reserved.

This book has been self-published with all reasonable efforts taken to make the material error-free by the author. No part of this book shall be used, reproduced in any manner whatsoever without written permission from the author, except in the case of brief quotations embodied in critical articles and reviews.
The Author of this book is solely responsible and liable for its content including but not limited to the views, representations, descriptions, statements, information, opinions, and references ["Content"]. The Content of this book shall not constitute or be construed or deemed to reflect the opinion or expression of the Publisher or Editor. Neither the Publisher nor Editor endorse or approve the Content of this book or guarantee the reliability, accuracy, or completeness of the Content published herein and do not make any representations or warranties of any kind, express or implied, including but not limited to the implied warranties of merchantability, fitness for a particular purpose.
The Publisher and Editor shall not be liable whatsoever...

Made with ❤ on the BookLeaf Publishing Platform
www.bookleafpub.in
www.bookleafpub.com

Dedication

हमारे परममित्र अर्जुन जी ने मेरे जीवन कि पहली कविता को देखा
और आश्चर्यचकित हो गए ।
"अर्जुन जी " ये कैसे किया ?
उन्होंने कविता को अपनी डायरी में संजोकर रखा ।
मै अपनी ही कविता भूल गया ।
नौ साल बाद ! एक कविता लिखा हुआ पर्ची मुझे दिखाकर
पूछते है क्या आपको याद है ? हाथ में पर्ची आते ही आंखों
से आंसु छलक गए ।

Preface

"यह किताब किसी एक कविता की नहीं, बल्कि उन भावनाओं की है जो हम रोज़ जीते हैं लेकिन कह नहीं पाते। इसे लिखते समय मेरा उद्देश्य उपदेश देना नहीं था, बल्कि आपके मन के किसी कोने से संवाद करना था। यदि यह पुस्तक आपको एक पल रुककर सोचने पर मजबूर करे, तो मेरा प्रयास सफल होगा ।

"यदि इन पंक्तियों में
आपको अपनी कोई अधूरी बात,
कोई पुरानी याद
या कोई दबा हुआ भाव मिल जाए–
तो समझिए, यह पुस्तक आप तक पहुँच चुकी है ।

Acknowledgements

मैं हृदय से आभार व्यक्त करता हूँ
उन सभी का, जिन्होंने मेरे भीतर के लेखक को
समय से पहले चुप नहीं होने दिया।
परिवार का मौन सहारा,
मित्रों का विश्वास
और उन अनजान पाठकों की कल्पना–
जिनके लिए ये कविताएँ लिखी गईं–
सबके बिना यह पुस्तक संभव नहीं थी।
शब्दों का साथ देने वाले हर व्यक्ति को
मेरा सादर धन्यवाद।

1. अलादीन का चिराग

तुम क्या ढूंढ रहे ?
अलादीन का चिराग
ये क्या...
चिराग खुद को ढूंढ रहा !

वन वन भटक रहा मृग
ढूंढ रहा कस्तूरी को,
कितना मुश्किल होता है
तय करना
खुद से खुद की दूरी को ।

गांव का बुझता हुआ
दीपक भी
शहरों में ,अलादीन का चिराग

हो जाया करता है ।

चंद पैसों के लिए ,
करता सबका काम ।
कोई खूब रगड़ता है
इतना की ...
ये खुद ही धुआं दे दे ।

फिर ,दुखी मन से ...
कहता है "बोलो मालिक"
क्या क्या करना है ?
अब मालिक खुश होके
कहता है ,
क्या तुमसे हो पाएगा ?
जो इतना रगड़ा जाता है
हां ना करता तो ,
क्या करता ...
हां जी , हां जी करता है ।

पहले जो असंभव था,
अब संभव करके देता है ।
ये वही अलादीन का चिराग है
जो बिना रगड़े कुछ नहीं देता ।

काश !
अलादीन के चिराग से अच्छा
खुद का चिराग तुम बन पाते,

मगर ये भी संभव हो जाता
जो खुद ही खुद को रगड़ पाते ।

प्रतिबिंब तुम्हारा धूमिल है,
शीशे पर तुम ना हाथ धरो ।
खुद पर तुम विश्वास करो,
खुद को पहले साफ करो ।

प्रतिबिंब जो सबका धूमिल है,
मुख पर तुम ना हाथ धरो ।
खुद पर तुम विश्वास करो,
शीशे को पहले साफ करो ।

2. एक रावण दूजे रावण को

एक रावण ! दूजे रावण को,
जला देने को आतुर है ।
मेरे सारे चेहरे दिखाया सबको,
अपने सारे चेहरे छुपाया सबसे
देखो ये कितना शातिर है ।

मैं रावण मेरे अहम का,
ये गुणगान गाता है ।
इसका अहम तो देखो भला,
खुद को भगवान बताता है ।

मुझे आज जला दोगे
पर ! उस रावण का क्या होगा ?
जो सालों से रचा बसा है,
तुम सबके अंतर्मन में ।

मैं तो जल रहा ...
तब से अब तक,
बस ....
एक सीता के छलने से

सोचो ! तुम्हारा क्या होगा ?
जो हर पल सीता को छलते हो ।
मेरा क्या ,मै जल जाऊंगा !
क्या तेरा रावण जल पाएगा ?

3. नन्ही नन्ही पांवों वाली

नन्ही नन्ही पावों वाली,
नन्ही सी पायल पहने
नन्ही सी एक बिटिया है ।

पावों में छमकाती पायल,
आंगन उसकी दुनिया है ।
जब भी मैं अंदर आऊं ,
तो पापा पापा चिल्लाती है ।

लाड प्यार ना मिलने पर ,
प्यारी सी मायूसी दिखाती है ।
फिर ! मैं मनाता हूं
पर ! वो नहीं मानती ।

वो भागती है और...
मैं उसके पीछे भागता हूं ।
और इस भागम भाग में
वो भागती जाती है,
फिर ! मैं रूठ जाता हूं ।

अब ! वो मनाती है
जब मैं मान जाता हूं ,
पहले मुस्कुराती है
फिर खुशियां मनाती है ।

अपने हंसती है ,
सबको हंसाती है ।
नन्ही नन्ही पावों वाली,
नन्ही सी पायल पहने,
नन्ही सी एक बिटिया है ।

4. मेरे दिल के तार

मेरे दिल के तार को ,
कोई ! अब छेड़ रहा है ।
पहले मैं खेल रही थी ,
अब वो खेल रहा है ।

मेरा दिल तो बच्चा है
वो बच्चे से ....
किसी बच्चे सा खेल रहा है ।
मेरे दिल के तार को,
कोई ! अब छेड़ रहा है ।

मेरे दिल के तार पर ,
कोई ऐसे ! उंगली फेर रहा है ।
जैसे ! मेरे बदन को छेड़ रहा है !
ना जाने कैसा खेल ?
मुझसे खेल रहा है ।

मीलों दूर बैठा है,
फिर भी छेड़ रहा है ।

मेरे दिल के तार को,
कोई ! अब छेड़ रहा है ।

मेरे दिल के तार पर,
कोई ! धुन छेड़ रहा है ।
अब उसके बातों से ही ,
मुझे सुकून मिल रहा है ।

मायूसी चाहे कितनी हो ,
बस एक आवाज ही काफी है
आज कल यही चल रहा है ।
मेरे दिल के तार को ,
कोई ! अब छेड़ रहा है ।

5. सफर सी जिंदगी है

सफर सी जिंदगी है
मौज करोगे तो ,मौज आएगी
वरना साधारण सी ...
या शिकायतों में कट जाएगी ।
आओ खुशनुमा बनाए ,
जिंदगी को....
क्योंकि , सफर सी जिंदगी है ।

तुम चाहो या न चाहो
ये तो कट जाएगी !
मंजिल नजदीक होगा,
और ...
जिंदगी घट जाएगी !
कल के खुशी के खातिर..
आज खुद को सता रहे हो।
अपनी अधूरी ख्वाहिशों का,
लिस्ट खुद ही बढ़ा रहे हो ।

ये सफर सी जिंदगी है
किसी की प्लेन सी है ,

किसी की ट्रेन सी है ,
किसी की क्रेन सी है ,
किसी की कार जैसा,
किसी की थार जैसा ।

मुश्किलें जो आए
अगर तुम्हारे जिंदगी में ,
पर जब तक रहेगा ...
असल जिंदगी के मायने
और आयने दिखाएगा ।
तुम्हे हराएगा ,
अगर हार गए ...
तो हार ।
वरना जीत दिलाकर
कहीं और चला जाएगा ।

क्योंकि...
सफर सी जिंदगी है ।

6. पड़ोसी ही ना जान सका

शहर हमारा हर पल
सभी पलों को ले गया ।
इसने .....
खाने और कमाने में,
कुछ पल भी नहीं दिया
जो ,अपनों से बतिया लूं मैं ।

यहां चार कमरों का घर
सबका एक संसार ,
नहीं जानता है कोई मुझको
ना मैं जानू उनको यार ।

है पहचान पड़ोसी का
ना चाचा चाची मौसी का ,
नहीं जानता दुख दर्द कोई
एक अच्छा भला पड़ोसी का ।

इतना बड़ा शहर है
सोचा ....
इसमें नाम कमाऊंगा ,

पड़ोसी ही ना जान सका
क्या ! खाक नाम कमाऊंगा ।

7. तुम बिको तो सही

तुम बिको तो सही,
खरीदार बहुत है ।
मैं अकेले तो नहीं,
संसार में बहुत है ।

मैं भी अकेला नहीं ,
मेरे यार बहुत है ।
सबको जनता हूं !
कि , वो कैसे है ?

चवन्नी भी खर्च न करें
पर ! वो बातों में
दिलदार बहुत है !
असल जिंदगी में,
वो कर्जदार बहुत है ।

यार बताते है कि,
यारों के यार के पास
कार बहुत है ।
मानो या न मानो

तुम बिको तो सही
खरीदार बहुत है ।

8. सपना अपना होता है

सपने में तोड़ता है तो, तोड़
चाहें सूरज चांद सितारे ।
सपने में देखता है तो ,देख
चाहें लानी पड़े बहारें ।

सपने में उड़ाना है तो ,उड़ा
चाहें उड़ानी पड़े कारें ।
सपने में खेलना है तो ,खेल
चाहें सूरज की अंगारे ।

सपने में जाना है तो ,जा
चाहें इस तारे या उस तारे ।
ये सपने तेरे हैं ,
देख इसे उजाले में
या देख इसे अंधेरे में ।

चल गोली खेल ग्रहों से
चाहें घुमा इधर उधर ,
सपना सपना होता है
जब तक दिखे

सपना अपना होता हैं ।

एक बच्चे के सपने में
ताकत इतना होता है ,
अगर खो जाए
खिलौना सपने में
तो बच्चा रोता है ।
क्योंकि ....
सपना अपना होता है ।

9. उनकी परछाईं ढूंढता हूं

वो पुराना घर
आज भी वहीं खड़ा है,
दीवारों पर पड़ी दरारों में
वक़्त अटका हुआ है।

आँगन वैसा ही है,
बस क़दमों की आवाज़ नहीं आती।
जहाँ कभी
पिता जी की खाँसी
सुबह का पता देती थी।

दरवाज़ा खोलो
तो लगता है
अभी आवाज़ आएगी—
“आ गए?”
पर जवाब में
सिर्फ़ सन्नाटा मिलता है।

कमरे में रखी उनकी कुर्सी

आज भी उसी जगह है,
जैसे उठकर
अभी लौट आएँगे।
अख़बार नहीं आता अब,
पर आदत
अब भी दरवाज़े तक चले जाते है।

आंगन के धूप में
उनकी परछाईं ढूँढता हूँ,
हर कोने में
उनकी मौजूदगी
ख़ामोशी बनकर बैठी है।

वो घर अब
ईंट-पत्थर का नहीं रहा,
वो तो
यादों का ठिकाना है—
जहाँ पिता जी
अब भी
हर शाम
मुझे देखने बैठे हैं।

पुराना घर
अब सूना नहीं लगता,
बस
बहुत ज़्यादा
भावुक हो गया है।

10. कभी बरसे नहीं ये बादल

वो बादल ही थे जो छाने लगे,
देख नैनों में, दिल घबराने लगे ।
दिल के बातों को ,नैन करने लगे
बातों बातों में बादल बरसने लगे ।

मृग नैन में देख नैन मेरे,
धार से धार नैन मिलाने लगे ।
जैसे स्नेह का ,हाथ बढ़े मेरे
किसी दरिया सी मुझमें सामने लगे ।

कभी बरसे नहीं ये बादल मेरे,
तेरे बादल में मिलकर बरसने लगे ।
थे शिकवे गिले लाखों तेरे,
पर ! तुझे देख प्यार जताने लगे ।

बादल बदली से ऐसे मिले,
ये मौसम बारिश का लगने लगे ।
वो बादल ही थे जो छाने लगे,
देख नैनों में दिल घबराने लगे ।

11. इमोशनल सन्नाटा

यह सन्नाटा आवाज़ का नहीं,
महसूस होने का है।
जहाँ सब ठीक दिखता है,
पर कुछ भी ठीक नहीं होता।

हँसी होंठों पर टिकी रहती है,
पर आँखें
सच जानती हैं।
किसी से कहें भी तो क्या कहें–
शब्द साथ छोड़ देते हैं।

भीड़ में खड़ा आदमी
सबसे ज़्यादा अकेला यहीं होता है,
जब बात करने को लोग हों,
और महसूस करने को
कोई नहीं।

इमोशनल सन्नाटे में
आँसू भी शोर नहीं करते,

बस
अंदर कहीं
चुपचाप बैठ जाते हैं।

यह वो खालीपन है
जो दिखाई नहीं देता,
पर हर साँस में
अपनी जगह बना लेता है।

न कोई शिकायत,
न कोई सवाल,
बस एक थकान
जो दिल तक उतर जाती है।

इमोशनल सन्नाटा
तब आता है
जब उम्मीदें थक जाती हैं,
और इंसान
मजबूत दिखते-दिखते
ख़ामोश हो जाता है।

12. नींद नाराज है

रात उतर आई है धीरे-धीरे,
जैसे किसी ने थकान ओढ़ा दी हो शहर को,
खिड़कियों में बुझती रोशनियाँ
और सड़कों पर फैलती ख़ामोशी–
सब सो गए हैं,
बस मैं ही बचा हूँ
अपनी जागती आँखों के साथ।

तकिये के नीचे दबा है दिन भर का बोझ,
पर नींद है कि
वो भी नहीं आती।
आँखें बंद करता हूँ
तो अंधेरा नहीं,
यादें दिखती हैं–
कुछ अधूरी बातें,
कुछ कहे बिना रह गए शब्द।

घड़ी की सुइयाँ
जैसे जानबूझकर चलती हैं,
हर टिक-टिक

सीने पर गिरती है
एक छोटे हथौड़े की तरह।
समय बीत रहा है,
ये बताने के लिए
नींद का न होना ही काफ़ी है।

कभी लगता है
नींद मुझसे नाराज़ है,
कभी लगता है
मैं ही उसे बुलाना भूल गया हूँ।
रात से दोस्ती हो गई है,
पर यह दोस्ती
बहुत थका देती है।
बिस्तर पर लेटा शरीर आराम माँगता है,
दिमाग़ हिसाब–
बीते कल का, आने वाले कल का।

काश कोई स्विच होता,
जिसे बंद करते ही
सोचें भी बंद हो जातीं।
बाहर कहीं कोई कुत्ता भौंकता है,
किसी ट्रेन की दूर की सीटी आती है,
ये आवाज़ें बताती हैं
कि दुनिया चल रही है,
और मैं
उसी के बीच
रुका हुआ हूँ।

नींद न आना
सिर्फ़ जागना नहीं है,
यह खुद से
लंबी मुलाक़ात है–
जिससे दिन में
हम अक्सर बचते रहते हैं।

फिर भी
सुबह की एक उम्मीद पलती रहती है,
कि शायद अगली रात
नींद मुझ पर
थोड़ी दया करेगी।
और मैं भी
एक रात
बिना यादों के
सो सकूँगा।
पर अभी तो
रात बाकी है,
और मैं–
जागता हुआ,
ख़ामोश,
नींद का इंतज़ार करता हुआ।

13. बुलबुले

प्रेम बुलबुलों जैसा है–
हथेली पर ठहरता है,
चमकता है,
और कहे बिना
टूट जाता है।

हम उसे बचाने की
बहुत कोशिश करते हैं,
पर जितना थामते हैं
उतना ही
वो कमज़ोर हो जाता है।

हर बुलबुले में
एक छोटा-सा सपना था,
इंद्रधनुषी,
पर साँस से भी
नाज़ुक।

लोग हँसते हैं
टूटने पर,

कहते हैं–
“अरे, बुलबुला ही तो था”,
पर वो नहीं जानते
कि उसमें
पूरी उम्मीद क़ैद थी।

कुछ बुलबुले
हवा में ही टूट जाते हैं,
कुछ ज़मीन तक आते-आते,
पर कोई भी
हमेशा नहीं रहता।

फिर भी हम
दुबारा फूँक मारते हैं,
क्योंकि प्रेम में
टूटने से ज़्यादा
बनाने की ज़िद होती है।

और हर बार
टूटने के बाद
हाथ खाली नहीं रहता–
थोड़ी-सी नमी
और
एक नई चाह
ज़रूर बची रहती है।

14. जीवन का लट्टू

किसी ने डोरी लपेटी,
किसी ने ज़मीन चुनी,
और एक झटके में
मेरा जीवन घूमने लगा।

जब तक रफ़्तार थी,
सब तालियाँ बजाते रहे–
"वाह! कितना सुंदर घूमता है"
कहकर लोग पास आते रहे।

लट्टू घूमता है
तो केंद्र से दूर नहीं जाता,
पर मैं...
जितना घूमता गया
उतना खुद से दूर होता गया।

डोरी किसी और के हाथ में थी,
पर गिरने का डर मेरा था,
हर मोड़ पर संतुलन साधता
मैं ही तो अकेला था।

जब रफ़्तार कम होती है
तो ज़मीन साफ़ दिखने लगती है,
चेहरे पहचान में आते हैं,
और तालियाँ
धीरे-धीरे
खामोशी बन जाती हैं।

कोई पूछता नहीं अब
"कितनी देर चलेगा?"
सब बस देखते हैं
कब गिरेगा।

जीवन भी लट्टू जैसा है–
जब तक घूम रहे हो
ज़रूरी हो,
रुकते ही
बोझ हो जाते हो।

बचपन में लट्टू गिरता था
तो हँस लेते थे,
आज अगर गिर जाऊँ
तो उठाने वाला भी
सोचता है।

काश कोई पूछे–
"थक तो नहीं गए?"

पर इस खेल में
ऐसे सवाल
नियमों में नहीं होते।

अंत में,
जब लट्टू रुकता है
तो वो टूटता नहीं,
बस खेल से बाहर हो जाता है–
और समझ आता है
कि असली जीत
घूमते रहना नहीं,
बल्कि
गिरने से पहले
खुद को पहचान लेना था।

15. बेल वाली घड़ी

दीवार पर टंगी है
बेल वाली घड़ी,
हर घंटे
अपनी मौजूदगी का
इशारा कर देती है।

टिक-टिक नहीं,
उसकी आवाज़
सीधे दिल तक जाती है–
जैसे कोई पूछ रहा हो,
"कुछ बदला... या
सब वैसा ही है?"

बेल बजती है
तो कमरा जाग जाता है,
और यादें भी–
पुरानी बातें,
अधूरे फैसले,
टाले हुए कल।

सुबह उसकी आवाज़
उम्मीद जैसी लगती है,
शाम को
थोड़ी सी चेतावनी,
और रात में
पूछताछ।

कभी लगता है
वो मुझे नहीं,
मेरी उम्र को गिन रही है,
हर बेल के साथ
कुछ कम होता हुआ।

मैं उसे देखता हूँ,
वो मुझे नहीं देखती–
बुरा समय सुनाती रहती है,
बिना रुके,
बिना तरस।
अजीब रिश्ता है हमारा–
मैं वक्त काटता हूँ,
और वो
मुझे।

16. फुर्सत की चाय

फुर्सत की चाय
किसी होटल की मेज़ पर नहीं मिलती,
वह बनती है
काम के बीच चुरा लिए गए
दो सुकून भरे मिनटों में।

जब मोबाइल उल्टा रख दिया जाए,
और घड़ी से
नज़रें चुरा ली जाएँ,
तभी चाय
सच में गरम होती है।

इस चाय में
चीनी कम,
यादें ज़्यादा होती हैं–
बचपन की शामें,
माँ की आवाज़,
और बारिश में भीगा आँगन।

यह चाय

न थकान मिटाती है,
न समस्याएँ हल करती है,
बस इतना करती है–
ज़िंदगी को
थोड़ा सा
रुकने की इजाज़त देती है।

फुर्सत की चाय
अकेले में भी अच्छी लगती है,
और किसी अपने के साथ
और भी गाढ़ी हो जाती है।
कप खाली हो जाता है,
पर मन में
एक हल्की-सी
गरमाहट रह जाती है–
जैसे कह रही हो,
"भाग मत...
ज़िंदगी यहीं है।"

17. कैमरा : एक मौन भगवान

कैमरा भगवान है,
जो मंदिर में नहीं रहता,
न मस्जिद की सीढ़ियाँ चढ़ता है,
न गिरजाघर की घंटी सुनता है–
वह टंगा रहता है
चौराहों पर,
कमरों की छतों में,
और हमारी जेबों में
एक छोटी-सी आँख बनकर।

वह सब देखता है–
सुबह की झूठी मुस्कान,
ऑफिस की मजबूर हाज़िरी,
प्रेम में कहे गए अधूरे वाक्य,
और गुस्से में उठे हुए हाथ।

जब हम कहते हैं
“कोई नहीं देख रहा”,
तभी वह
सबसे साफ़ देख रहा होता है।

कैमरे के सामने
अपराध भी सजे हुए लगते हैं,
और मासूमियत भी
कभी-कभी संदिग्ध हो जाती है।

यह न सही को चुनता है,
न गलत को—
यह सिर्फ़ रिकॉर्ड करता है
जैसे समय साँस ले रहा हो।
रात के अँधेरे में
जो गलियाँ काँपती हैं,
जो दरवाज़े धीरे से बंद होते हैं,
जो आवाज़ें
गले में घुट जाती हैं—
कैमरा
उन सबका साक्षी है।

उसने देखा है
रोटी चुराता बच्चा,
और तिजोरी भरता आदमी,
उसने देखा है
शपथ लेते नेता,
और वादा तोड़ता वही चेहरा।

कैमरे को
न जाति दिखती है,
न वर्दी का रुतबा,

न आँसुओं की भाषा—
बस दिखता है
जो हुआ,
जैसा हुआ।

भगवान की तरह
वह भी मौन है,
पर फर्क यह है—
भगवान दिल पढ़ता है,
और कैमरा
हरकतें।

कभी-कभी डर लगता है
कि हम
जितने भीतर से नहीं हैं,
उससे ज़्यादा
तस्वीरों में बन गए हैं।
हमने सच को
फिल्टर से ढक दिया,
और झूठ को
हाई-रेज़ोल्यूशन में रख दिया।

कैमरा तब भी देखता रहा—
बिना सवाल,
बिना सज़ा,
बिना क्षमा।
शायद इसलिए

यह भगवान है,
क्योंकि यह इंतज़ार करता है–
उस पल का
जब सच खुद बोल पड़े,
और इंसान
नज़रें झुका ले।

18. बचपन के आम

चाचा जी चार आम
ले आए चौराहे से,
चाचा चाचा चिल्लाते
चिंटू आया तेजी से ।

बोला ! ये आम तो कच्चा है
इसका नाम बताओ ना ,
ये कच्चा नही पका ही है
इसका नाम दशहरी है ।

तब तक चिंकी चिल्लाई
मेरा भी आम लेलो भाई,
साथ मजे से खायेंगे
फिर इसका पेड़ उगाएंगे ।

ये तो बड़ा रसीला है,
मिश्री जैसा मीठा है,
गुठली तो पतला है,
छिलका बड़ा लचीला है ।

हम यहां लगाते है
तुम वहां लगा लो,
फिर दोनो पानी देंगे रोज,
खेल खेल में दोनों भूले
मस्त मगन रहते थे रोज ।

कुछ दिन ऐसे बीते थे कि,
चाचा जी फिर लाए आम
अबकी बार चौसा था नाम ।
नाम आम का सुनते ही
चिंकी पहुंची खलिहाने में ।

देखी दोनों आम तो
व्यस्त है बतियाने में ,
कोमल तने , कोमल है पत्ते
हल्के कत्थई रंगों वाले ।

देख हुई मोहित ...
भरी कल्पना की नई उड़ाने
अपने झूम रहीं बचपन में,
दोनों पेड़ हुए सयाने ।

पेड़ों के साथ खेल रहे थे
वही खेल जो सबने खेले,
हमने तो "लखनी" खेले है
जाने क्या क्या आप है खेले ?

19. जय जवान जय किसान

जय जवान जय जवान
यह नारा , सबको लगता है,
इसके अंदर झांका तो
देश हमारा दिखता है ।

मिट्टी में रहने वाले
मिट्टी जैसा ही दिखते है ,
मिट्टी से रिश्ता है अनोखा
जो मिट्टी को माता कहते है ।

हर एक निवाला जो है
हर एक के दांतों तले,
ये महिमा उस किसान की
जो माता से लेकर हमें है देते ।

देश की मिट्टी पर
जिसने भी.....
तिरछे नजर लगाया है ,
भारत माता की जयघोष से
अपना परिचय करवाया है ।

उन जवानों की ....

सारे जहां में है पहचान,

ये कोई और नहीं

किसानों के ही , है संतान

जय जवान जय किसान ।

20. अब गांव पुकार रहा

अब गांव पुकार रहा
इस महामारी के दौर में,
आओ , तुम आ जाओ
यहां तेरे और भी है ।
दादा दादी मां और बाप
भाई बहन ,भाभी भतीजे
इनके प्यार याद आ रहा ।

यहां गावों के गलियों में ,
दोस्तों के झुण्डों में ,
कमियां तुम्हारा
कैसे कैसे खेला करते
कितना अच्छा था , वो नजारा
जब तुमने हंसाया गांव सारा ।
ये सब तुम्हे भी याद रहा ,
अब गांव पुकार रहा ।

गावों से निकले शहरों को यारा
मन में हजारों सपने,
सपनों में चांद तारा,

इनको हकीकत बना रहा ।
दिन रात करता रहा , जीता रहा
अचानक से ......
रुक गई सारी चीजें
इस महामारी के दौर में,
अब गांव पुकार रहा ।

यहां मरने का डर सता रहा ,
इस खाली समय में ...
सबकुछ याद आ रहा ।
पेट खाली , जेब खाली
अब निवाला तलाश रहा,
हम अकेले नहीं
ये हजारों का भीड़ जा रहा,
अब गांव पुकार रहा ।

लोग भूखा प्यासा चलता जा रहा ,
यहां बच्चा भी कदम से कदम मिला रहा ।
पापा , गाड़ी से चलो ना तब...
पापा ने कंधों पर बिठाया
फिर पैदल ही दिन रात चलते जा रहा ,
ये कब खा रहा ,कब सो रहा
ये मीलों मील क्यों जा रहा ?
अब गांव पुकार रहा ।

कुछ लोग खाना भी दे रहा
विनती भी कर रहा,

जाओ पर ....
अपने गांव वालों को जरूर बचाना !
मेरे जाने से गांव वालों का
दुर्दशा , अब मुझे सता रहा ।
पर ! मैं खुश हु मेरा गांव,
मेरे लिए अलग घर बना रहा
अब गांव पुकार रहा ।

21. उसकी मुस्कान

उसकी मुस्कान–
जैसे सुबह की पहली धूप
जो खिड़की से नहीं,
सीधे दिल में उतर आती है।

न कोई वादा, न कोई शोर,
बस होंठों की हल्की-सी हरकत
और मेरी थकी हुई शाम
चुपचाप उजली हो जाती है।

उसकी मुस्कान में
बोलने की जल्दी नहीं,
वो ठहरती है–
ठीक वैसे ही जैसे
आँखों में भरोसा ठहरता है।

कभी रूठे हुए मौसम को
मना लेती है,
कभी मेरे भीतर के
सन्नाटे से बात कर लेती है।

मैंने देखा है–
दुनिया की बड़ी-बड़ी खुशियाँ
उसके सामने
कितनी छोटी हो जाती हैं,

क्योंकि उसकी मुस्कान
किसी जीत की नहीं,
किसी पाने की नहीं,
बस होने की खुशी है।

और शायद इसी लिए,
जब वो मुस्कुराती है,
तो लगता है–
ज़िंदगी अभी भी
मुझसे नाराज़ नहीं।

www.ingramcontent.com/pod-product-compliance
Lightning Source LLC
Chambersburg PA
CBHW062308240926
51846CB00013B/828
* 9 7 8 9 3 7 5 2 7 5 3 9 8 *